乾燥地帯の珍奇植物

ドライガーデン

Bizarre Plants of arid zones
DRY GARDEN

JN099169

AND PLANTS 佐藤桃子 監修

日本文芸社

はじめに

みなさんはドライガーデンというと、どんなお庭を思い浮かべますか?

ドライガーデンとは、アメリカ大陸やアフリカの乾燥地帯をイメージしたお庭を指すことが多く、ごつごつした岩の中にサボテンやリュウゼツランなどが植えられたワイルドな雰囲気が特徴で、管理のしやすさからも人気が高まっています。そうしたドライガーデンをより身近に楽しんでもらいたいと、本書ではお庭だけでの表現ではなく、ベランダや室内などと、間口をすこし広げてみました。ページをめくっていただくと、乾燥地帯を原産とする植物たちが、お庭以外にもバルコニーや室内でセンス良く飾られ、元気に育てられているのをご覧いただけます。こうした室内やバルコニーでドライプランツを楽しむスタイルも「ドライガーデン」になるという解釈で、本書では紹介しています。

取材にあたり、限られたスペースでも、みなさまそれぞれの環境で工夫しながらドライガーデンを楽しんでいることにとてもワクワクしました。きっとこれからドライガーデンをはじめる方に身近なシーンがあるはず。ぜひ小さなスペースからはじめてみてください。慣れてくると、好きな品種やスタイルが見つかり、新しい株を探したりとさらに楽しみ方が増えてくると思います。また、すでにドライガーデンがライフスタイルの一部になっている方には、飾り場所や育成方法の工夫などが参考になると思います。

見応えのある一冊です。ゆっくり楽しんでいただければ幸いです。

AND PLANTS　佐藤　桃子

いろんな
ドライガーデンを
見てみよう

「乾燥地帯に住む植物を中心に
　コーディネートしたお庭の総称」

ドライガーデンを調べるとこんな説明を受けますが、
本書ではお庭以外にも、マンションのベランダやイン
テリアグリーン、さらには鉢の中での表現にまで間口
を広げ、ドライガーデンを追いかけてみました。場所
や植物が変われば、同じテーマのお庭でも、受ける印
象が全然違います。あなたはどんなお庭がお好き？

WELCOME
OPEN

中:photoratio_guest
S:PRwaseda

CONTENTS

Chapter1 乾燥植物でつくるドライガーデンの暮らし

Chapter2　ドライガーデンを盛り上げる植物図鑑

Chapter 1

乾燥植物でつくる ドライガーデンの 暮らし

この章では、ドライガーデンを楽しむさまざまな人の庭やベランダ、お部屋を紹介します。乾燥地帯に生える植物は、人気のアガベをはじめ独特なフォルムなものが多く、そんな植物を集めたドライガーデンは、自生地のような雰囲気が漂います。また植える植物によって、さまざまな表情を見せてくれます。そんな個性あふれる44のエピソードをお楽しみください。

ドライガーデンを中心にした理想の一軒家

ライフスタイルに合った植物で、自分のペースでガーデンライフを楽しむ。

　お互いに住宅設計の仕事をしている近藤様ご夫婦。こだわりの採光や間取りで人にも植物にも心地よい居場所となっています。ウッドデッキはリビングとキッチンに面しており、大きな窓を開けると光と風が入ります。高い吹き抜けから入る太陽光とウッドデッキからの風で、植物が気持ちよく育つ環境。

　リビングのシンボルツリーには、乾燥を好むブラキキトン・ルペストリス。冬場は暖炉を焚くと部屋中が暖かくなり、冬の間も植物が活き活きと育ちます。

　ウッドデッキにはご主人のアガベコレクションが自作のガーデンシェルフに並べられ、庭植えにした花木2本は季節感も感じることができて気に入っているそう。

　お互い仕事があるため、手入れのしやすいドライ系の植物は水切れの心配が少なく相性が良いとご主人。お手入れ担当はご主人で、奥様はその姿を眺めながらのんびり過ごすのが楽しいそうで、植物を介してお互いのペースで過ごす姿が印象的でした。

A. 高い吹き抜けに向かって伸びるブラキキトンが目を引くリビング。　**B.** vandaka plants と都内の店舗で購入したビカクシダ。　**C.** 株分けと板付けも勉強中。失敗して学ぶのも楽しいとご主人。　**D.** 大株のブラキキトンの鉢カバーはなんと自作。根腐れ防止のため、受け皿に水が溜まっても簡単に取り出せるように引き出し式に。

E. 親株から溢れてしまった子株。春になったら植替え予定。　**F**. オブジェのように飾られるミルクブッシュ。　**G**. 長い間育てているウンベラータは、光に向かって伸びる姿がユニークな樹形に。　**H**. バスルームはこだわって植栽スペースを設けた。　**I**. 冬の間は室内で冬越しする株も多い。季節や樹種に応じて置き場所を調整する。

J. アガベをメインにしたドライガーデン。　K. どんどん増える株も置き場所を工夫し配置するのが楽しい。

L. 簡易的なビニールハウスをつかって冬越し。　M. 左の株が親株。株分けして大中小と並ぶ姿。　N. 手作りの棚にはさまざまなアガベが並ぶ。　O. 玄関にはアイコニックなソテツがお出迎え。

　一番品種が多いアガベは、春から秋まではウッドデッキに出し、株分けや配置換えをするのが楽しみのひとつ。冬の間にこぼれた子株は水耕栽培にし、根を出して春を待ちます。株分けしたアガベは、浴室の坪庭に移動し楽しんでいる。

　ウッドデッキの植物は、冬の間は階段下のスペースに移動したり、小型のビニールハウスを利用したりして冬越しをしますが、毎年失敗をしながら少しずつ覚えていくのが面白いと笑顔で語るご主人。

　アガベの後に購入しはじめたビカクシダ

も株分けを行い、室内には子株のビカクシダがちらほら。vandaka plants さんで購入した大株が最近一番のお気に入り。メリハリのある水やりで良いので、他の多肉植物との水やりと似ていて育てやすい。

　多肉もビカクシダも、子株から大きくできるのが魅力で、気軽に持ち帰ることができるので積極的に県外の植物イベントや産地を巡るようになったとのこと。夫婦旅行の行き先を決めるのも植物中心になってきていて、企画するのも楽しみのひとつだそう。

愛犬と家族と楽しむ憩いの庭

ドッグラン併設！　バーベキューもできるドライガーデン

　愛犬がのびのびと走り回るドッグランを併設したドライガーデン。広々とした芝生の上では、バーベキューを楽しむこともできます。ドライガーデンのエリアは、芝生を中央にして、囲むように岩をレイアウトして設置。

　たくさんの金鯱が植えられたエリアには、1番大きいもので40cmオーバーの巨大な個体も。そのほか、60cmオーバーのパリー吉祥天、1mオーバーのニューサイランなど、迫力のある個体が目を引

きます。インパクトのある植物たちにマッチするレイアウトにするために、ゴツゴツとした岩をふんだんに使って自生感を出しているのがポイント。

　庭にココスヤシを植えたいと思ったことをきっかけに、ドライガーデンにはまったというオーナー。窓辺のウッドデッキでコーヒーを飲みながら、ドライガーデンを眺めるのが至福のひとときとのこと。お気に入りの植物は、ココスヤシとロストラータと金鯱とアガベパリー。

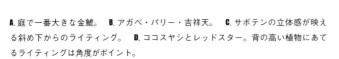

A. 庭で一番大きな金鯱。　**B.** アガベ・パリー・吉祥天。　**C.** サボテンの立体感が映える斜め下からのライティング。　**D.** ココスヤシとレッドスター。背の高い植物にあてるライティングは角度がポイント。

E. バーベキューをしながらドライガーデンが眺められる広大な芝生。　F. ロスト
ラータと金鯱。　G. 高低差のバランスがよく植え込んである。

自己満 Dry Garden

自由な発想で作る理想のドライガーデン

　型にハマらず、自分の理想の庭をつくることをモットーにしているとオーナーが語るドライガーデン、名付けて「自己満 Dry Garden」。Instagram で見つけた色々な庭を参考にしながら、自分流にアレンジして試行錯誤しているとのこと。その名の通り、ステンシルとラインスプレーを使って描いたロードペイントや、アメリカンテイストのプレート、ランタンやビール瓶の飾りなど、庭の随所に独自のセンスが光ります。そのほか、ソーホースを使った DIY のバリケードや、木製のケーブルドラムをテーブルとして使って植物を配置するなど、常識に囚われない自由な発想があふれる庭。

　パリーを集めて岩とともに配置したコーナーや、エケベリアの小さな鉢を並べたかわいらしいコーナーなど、フォトジェニックなレイアウトは、まるでおしゃれな雑貨屋のよう。大きなサイズのアガベやフェニックスロベレニーは、目立つ場所に配置するなど、メリハリのバランスも抜群です。

A. メインガーデンのシンボルツリー、アガベ・アメリカーナ縦斑。　**B.** アガベ・パリーとフィラメントが美しいレオポルディ。　**C.** ステンシルとラインスプレーを使ったロードペイント。

D. ソーホースを使った DIY バリケードと、ケーブルドラムのテーブル。　E. パリーを集めてつくった「パリーガーデン」。　F. アプローチのフェニックスが目を引く。　G. お気に入りのアガベ・オバティフォリア。　H. かわいらしいエケベリアの小鉢を DIY の棚に並べて。

Episode 4　赤嶺邸　⬡ @plants.com.926

ワンルーム多肉男子のお手本部屋

ビザールプランツは育てて大きくするのが醍醐味！

　建物の最上階、光と風がたくさん入るワンルーム。シンプルに整理されたインテリアの中に所狭しと並んだビザールプランツのコレクション。サーキュレーターや植物用ライトを使い、限られた空間でも植物が育つ環境が作られています。

　赤嶺さんは植物販売サイト AND PLANTS のスタッフとして働いており、日々植物と触れ合うのが日常。休日は近くのショップにも足を運び、気に入った株を持ち帰るのが楽しみだそう。

　塊根植物やユーフォルビアなどの変わった姿の植物が好み。個性的な草姿の株を活かすため、植木鉢はシンプルなものに植え替え、配置換えをしながら生長を見守り大株に育てるのが醍醐味。新入りのザミア・プミラが最近のお気に入り。

　元々、昆虫の生育などを趣味にしていたため、観察や生育することが好きで、植物は日々生長し変化があるのが魅力とのこと。家での定位置は植物脇のテーブル。夜は植物ライトだけで過ごすことも。植物を眺めながらゆったり過ごす時間が癒されるそう。

A. 休みの日は植物の手入れをしながら自分の時間を楽しむ。1日で動きがあるものもあり見逃せない。　**B.** 苗から育て大きくするのが醍醐味。春になり新芽も動き出した。
C. 個性的なユーフォルビア・ゴルゴニスやデカリー、パキポディウムなど育成ライトで葉色を鮮やかにする。

D. 塊根植物のように見える冬姿のフィカス・パルメリーはこれから葉が吹いてくる。 **E.** サボテンや桜苗なども。他にも気になったものを一度種から植えてみるという赤嶺さん。 **F.** 左手で大きく葉を広げて存在感を出しているのはフィランサス・ミラギリス。 **G.** 限られたスペースでも何種類もの品種を楽しめる。 **H.** 植物用ライト、サーキュレーターを使いながら、日々顔を見て位置を変えたりしているそう。

多肉植物×サボテンMIX

逞しく美しい植物でつくる、かわいくてワイルドな庭

大好きな多肉植物を地植えしたいという気持ちからつくりはじめた庭。最初は多肉植物のみでレイアウトしていましたが、ある時、ウチワサボテンの葉が側溝に捨てられているのを拾い、葉挿しに成功したことをきっかけに、サボテンも植え始めることに。今では柱サボテン、球サボテンのほか、アガベ、コルジリネとドライガーデン系の植物が多く植えられています。植物をレイアウトするときは、「砂漠の中のオアシス」をイメージしているそうです。

ドライガーデン系の植物の魅力は、水やりを頻繁にしなくてよく、ビニールカバーを掛けて長雨や霜から守るだけで逞しく育つことと語るオーナー。植えられた植物たちの生育環境に合っているようで、直径15cm程の小さな株から育てはじめた金鯱は、氷点下を何度か耐え抜き3年で倍の大きさになったとのこと。そのほか、日当たりの良い場所に植えた吉祥天は、地下茎でどんどん子株を増やしているそうです。

A. おしゃれな雰囲気を演出してくれる吉祥天。　B. 庭の主役の金鯱。子株から育て始め3年でこの大きさに。　C. 見た目の美しさはもちろん、暑さ寒さに強く地植えできるのが魅力のフィリフィラ。　D. 短毛丸は、毎年たくさんの花を咲かせる。

E. 外壁ブロックと植物の組み合わせがマッチした、個性的な道路側からの景観。　F. サボテンと多肉植物が共存するおしゃれなバランス　G. 様々な種類の多肉植物が、地植えで伸び伸びと育っている。　H. 多肉植物を森に見立てた、教会を模したかわいらしいミニチュアのモチーフ。

変化を楽しむ空間づくり

季節、年月、刻の移り変わりを映すドライガーデン

　生長によって姿が変わる植物の魅力を引き出すように、変化を楽しむことをコンセプトにしてつくられた庭。ユッカ、サボテンなどが植えられたエリアは、冬は鉢上げし、春は別のアガベを植え替えるなど、季節によって育生方法を変えています。紅葉する多肉植物をアクセントで加えて、四季を感じられるようにしたのもポイント。そのほか、生長が見えやすいアガベは、一つのスペースにまとめて植えて、大きく育っていく姿を楽しめ

るようにレイアウトしています。また、ライトを設置すれば、昼と夜でガラリと変わる庭の表情を楽しむことも。

　オーナーは、ドライガーデン系の植物の魅力は、何年も生き続けるところと語ってくれました。季節、時間帯など時の流れを味方につけ、変化を楽しめるようにつくられたドライガーデンは、自然の生命力を感じさせてくれます。生き生きと育つ植物たちと共に生きることは、ドライガーデンの醍醐味です。

A. アガベのみのスペース。岐阜石を多めに配置して、どの角度から見てもアガベと岐阜石が視界に入るようにレイアウト。　**B.** 屈原の舞扇（くつげん まいおうぎ）は、夏冬に強く生長も早くて子吹きも多いドライガーデンの万能型アガベ。青白い葉に赤い鋸歯が魅力。　**C.** 家の南側にウッドフェンスがあり、冬の日当たりが悪いのでブロックで高さを出して一工夫。

D.季節によって紅葉する多肉植物。　E.ユッカ、サボテンなど高さが出る植物を後ろに石で高さを出して植えて、手前にアガベを植えている。アガベは遮光や雨を防いだり手をかける事が多いので、手が届きやすい位置に植えるのがポイント。　F.夜のライトアップは、ソーラーライトを使用すれば、電気代もかからず夜中までライトアップしてくれる。

カリフォルニアテイストのドライガーデン

南国リゾート感のある家に合わせて庭をコーディネート

ネイルサロンを開いている自宅の玄関前は、お客様にも楽しんでいただけるように、琉球石灰岩を使った優しい色合いにグリーンが映えるおしゃれなイメージでレイアウト。高低差をつくって立体感を出したり、色味が重ならないよう、バランスが考えられて植栽されています。また、北風を防げる軒下にサボテンを配置するなど、植物の生態と建物の構造の相性を考えるのも大切です。

家を購入した際にシンボルツリーとして植えたヤシの木に合わせて花ブロックを配置したり、TARTERのタンクを鉢として使ったり、イメージ通りの庭に仕上げるためのモチーフが随所にちりばめられています。ワイルドなイメージを演出したかったコンテナ前のソテツは、ソーホースブラケット、ドラム缶の塗装、ロードサインポールをDIY。そのほか、海外のナンバープレートや看板を配置して、全体的にアメリカンな印象にまとめた、カリフォルニアテイストのドライガーデンです。

A. 小物と植物のレイアウトがポイント。　B. TARTERのタンクは色合いがアメリカン。

28

ドライプランツ×ワークスペース

ハウススタジオのオーナーがこだわったオンリーワンの基地

都内でハウススタジオ STUDIO PHOTO RATIO のオーナーをされている丸山さんの秘密基地にお邪魔しました。スタジオの装飾として観葉植物を 1 本入れたのがはじまりで、仕事で毎週数十種類の観葉植物の撮影をしている中で自然と植物の知識が身につき、育て始めたらハマってしまったそう。

ブラウンや赤みのある葉などシャビーな雰囲気の品種が好きで、自然とドライプランツが多くなったといいます。スタジオ内には鉢上げして大きくなったア

ロエやサンスベリアやサボテンがウェルカムグリーンとして存在感を出しています。トックリヤシの古葉は、そのままドライにしてインテリアに。

スタジオ奥の 3 畳の小部屋がワークスペースとなっており、ドアを開くと PC デスクのスチールラックにはカメラやレンズがびっしり。窓側のラックにはドライプランツを中心にした植物部屋となっていました。ラック内にはこだわりの珍品種が多く、バルコニーにはアガベ・アテナータとソテツが顔を覗かせます。

A. ワークスペースで育て大きくなったものをウェルカムグリーンに。葉色の濃淡が楽しめる。　B. 大株の鬼面角(きめんかく)は購入時から 2 倍ほどに生長したそう。　C. 真っ白な壁と床にクールなドライプランツがよく映える。

WELCOME
OPEN

Wi-Fi
SSID:photoratio_guest
PASS:PRwaseda

C

D. ワークスペースの半分はプランツスペース。太陽光が届きづらい場所は植物用ライトで補う。　**E.** アガベ、オンコクラータ綴化、リプサリスなど多様品種が顔を覗かせる。　**F.** 見事な色合いのプラティカーダが目を引く。　**G.** ビカクシダ・ネザーランドは天井から吊って。　**H.** ブックアロエの名を持つスプラフォリアータ。　**I.** バルコニーにはアテナータとソテツ。色のコントラストも楽しい。　**J.** ドライフラワーはスタジオ利用者にも好評とのこと。　**K.** エレファントティス。ようやく貯水葉が動き出し、今年が楽しみだそう。

33

和洋折衷の風情あるドライガーデン

異国情緒と侘び寂びが調和する安らぎ

アガベやサボテンなどの西海岸テイストの植物に、日本原産の植物や石を組み合わせることで、和と洋を融合させた周囲の風景にも馴染むドライガーデン作りにこだわっているオーナー。長期的にローメンテナンスで見映えの良い植物はないかと探していたところ、吉祥天の美しさに一目惚れしたことがきっかけでドライガーデン作りがはじまりました。アガベはほとんど剪定や水やりがなく、手間いらずでおしゃれな庭が作れるところにはまったそうです。

立体感を出すために高さのあるユッカを植えたり、根腐れを起こさないように、戸隠石の石組みで高さを出しているところもポイント。防草シートに見た目がきれいな伊勢砂利を敷いてアガベやユッカを植え、雑草対策とおしゃれな庭を同時に意識。みかも石や流木をアクセントに使い、華やかだけど落ち着きもある、どこか不思議な安らぎを感じます。

A. ライトを設置してナイトガーデンも。　**B.** アガベを少しずつ増やし一年中楽しみながら年々拡大しているゾーン。　**C.** 戸隠石の石組で高さを出しているエリア。　**D.** ブルーエンペラー。　**E.** すき間と高低差にオーナーのこだわりを感じる。

遊び心弾ける色鮮やかな庭づくり

立体感のある庭づくりとさりげなく光るアクセント

SNS などでドライガーデンの文字を目にすることが多くなり、なんだろうと調べてみると「オシャレなのにあまり手間がかからない」との情報が。コロナ禍が長引き、家にいる時間も長かったため、新たな趣味にちょうど良いかも！ と、ホームセンターでアガベやユッカ、サボテンを購入したところからはじまります。ところが次第に夢中になり、植物もどんどん増えていき、手間がかからないどころかドライガーデンのアップデートに忙しい日々。

アガベだけでなく、アクセントにセダムやエケベリアといった多肉植物も植えて、色味を鮮やかにしているところもポイント。地植え株は耐寒性の強い種類がメインで、中には弱めの種類もありますが、冬はしっかり養生しているおかげでみんな元気に育っています。好きな小物や US っぽい雑貨などを置いて遊んでみたり、LED でライティングをして夜も楽しめるところもこだわりだそう。家に帰ると、照らされた植物たちが出迎えてくれて最高に癒されるそうです。

A. 手前に並ぶ5連バリーがお気に入り。風が吹くとプロペラが回る飛行機の風車もポイント。　**B.** ミリタリーグッズもいいアクセントに。

C. 階段のように高さをつけるのが難しく苦労したそう。海外から取り寄せた現地のサインプレートをモチーフにした看板がポイント。　**D**. 愛着が湧いてくる金鯱(きんしゃち)と、もうすぐ花芽がでそうなアガベ・雷神(らいじん)。耐寒が0℃くらいしかないので、冬はとても過保護に養生しているそう。　**E**. 多肉植物のエボニーも地植えして大きくなるように育てている。

レアプランツにこだわりながら
現地スタイルを貫く

ファサードを力強く彩る鬼面角・ブランチの存在感

特にお気に入りと話すのが、表札のある家の角の植栽。家のファサードともなる場所なので、インパクトのある大型の植物を持ってきたいという趣向にもばっちりマッチした、鬼面角・ブランチとユッカ・トンプソニアーナが一際目を引きます。さりげなく存在感を示す金鯱とユッカ・フィリフェラもポイント。ココスヤシを中心に据えたメインガーデンでも、こだわりは「現地スタイル」。メンテナンスをする時も下葉をあえて剪定せずその

まま残すスタイルで、ユッカ・ロストラータの分頭株もお気に入り。

遠目で何度も全体のバランスを見たり、植物の生長と将来性を見据えて植える場所を選んだりと、細かい目配せにも手は抜かない。意外と大変な作業でも、それを確認している時がとても楽しいと語ります。都心の限られたスペースだからこそ、自分の目で見て確かめてこれと決めたレアプランツにこだわり抜く、オーナーの独創性が光っています。

A. ココスヤシを中心にユッカ・ロストラータの分頭株などを植えたメインガーデン。　B. 背の低いアガベなども全体のバランスの中で際立つ存在感。　C. 金鯱もさりげなく。　D. 鬼面角・ブランチとユッカ・トンプソニアーナが一際目を引くこのエリアが特にお気に入りだそう。

植物と人と猫、みんなが暮らす海沿いの家

植物と暮らす工夫とセンスがあふれる一軒家

　仕事環境の選択肢が増え、お互い自宅で仕事ができるようになり生活拠点を都心から海沿いの街へ移し、新たに猫も迎えて3人で暮らしている菊池さん。

　それぞれが元々植物好きで、生活のスペースが広くなるにつれてどんどん植物が増えていったそう。多肉をメインに楽しまれているご主人は、屋外の多肉スペースにぎっしりとラックに入った多肉たちを育てており、個性的な品種も多い。季節に応じてビニールハウスを開けたり遮光したりと、植物

の顔を見ながら工夫して管理しているとご主人はいいます。「お気に入りゾーンはこの辺りです」と見せてくれたギムノカリキウムの株は、丁寧に管理されているのが伺えます。

　奥様は植物関連のライターをしていることから、幅広い種類の観葉植物を楽しんでいます。仕事柄、植物に関わる人やショップへの繋がりもあり、2人で時間を見つけては生産者さんや販売店に足を運び、株や管理の相談をしながら購入することが多いそう。

A.バルコニーにぎっしり詰められた多肉用簡易ハウス。覗いて生長を見るのが楽しみ。　B.お気に入りのギムノカリキウム。色味や形が品種により異なり愛好家も多い。　C.接木サボテンなど、こつこつ集めた品種も多い。　D.鶴仙園さんなどから購入したサボテン。信頼している生産者さんの株を購入。E.お手入れは気づいた方が行うそう。水やりと一緒に葉ガラを取ったりと細かい手入れも一緒に行う。

F. 窓枠の幅に合わせて取り付けた広いダクトレール。ビカクシダが大きく
葉を展開する。　G. サンスベリア・ゼラニカ。ゼブラ柄の葉が目を引く。
H. 遊び心のある植木鉢も小鉢ならではの楽しみ方。左のハオルチアは大き
くふっくらと育った。

2階は猫と暮らす仕事場も兼ねたスペース、1階は夫婦二人のスペースにしているそうで、植物もそれぞれフロアごとに飾り方を変えているとのこと。2階は猫の手が届かないよう、屋外バルコニーの多肉と屋内の釣り鉢が中心。窓の幅に合わせて広く取り付けたダクトレールはお手本にしたいアイデアです。広い空間で育つリプサリスやビカクシダが旺盛に葉を伸ばし、インテリアとしても見応えがあります。

　1階は奥様の集めた観葉植物と、ご主人の多肉植物が混在するインドアガーデンがメイン。窓際に設けたガーデンスペースは、水や土が溢れても、ふきやすく素材が傷みにくいフロアタイルの床面にする工夫が。ここで植物を眺めながら趣味のレコードを楽しみ、時間を過ごすのが二人のリラックスタイム。今は量も増えてきたため、新しい株は小さいものを持ち帰り、大株にする過程を楽しむのが多いそう。ライフワークになりつつある植物とのちょうどよい関係が伺えました。

I. 玄関先のちょっとしたスペースも活用。アロエ・ラモシッシマが足元から覗く。　J. アプローチの階段にもクラッスラなどの多肉が並ぶ。　K. ブロメリアなどは屋外でも楽しめる。

L. ステップスツールを活用して多肉棚に。亀甲 竜の葉が枝垂れる。小さ
なスペースでも、小鉢なら工夫し多品種飾ることができるのも室内ドラ
イガーデンの魅力。　M. インテリアのアクセントにもなるドライスワッ
グ。　N. アストロフィツムなどの小鉢を詰めたトレイ。移動したりお手
入れする際にも便利。　O. 霧吹きをする際もフロアタイルなら床が傷ま
ない。窓際のこのガーデンスペースは二人のこだわり。　P. 作業用の道
具などは、インテリアに馴染むカバーに収納。　Q. レコードと植物を楽
しむのが二人のリラックスタイム。思い切って窓際に大きく取ったガー
デンスペースは、配置を変えながら楽しめる。

ジャンルレスで自分らしさを追求

ナチュラルテイストのドライガーデン

ドライガーデンにまつわる Youtube チャンネルを運営している SUGI さんのガーデンコンセプトは「雑多な庭」。植物はアガベ、ユッカ、グレビレア、バンクシア、サボテン、ユーカリなどに興味を持ち、レアさや珍しさはあまり気にせず、個体の個性を見ながら選定。庭の一角にはレモンも植えてみるなど、ルールのない植栽にチャレンジしています。アガベやサボテンだけではなく、ユーカリやグレビレアなどのオージープランツを混ぜながら、少しナチュラルなテイストを目指しています。とはいえ、あくまでもベースはドライガーデン。植物は葉の色味や形など、アガベやユッカなどと調和するものを選ぶことを意識するといいます。

また、色味は緑色になりがちなので、アクセントをプラス。赤みの強いコルジリネや、ニューサイランなども選んでいます。無骨で男前なドライガーデンも多いなかで、自分だけの形を探すオリジナリティの高いガーデンです。

A. リューカデンドロンとアガベ、グレビレアを密集させて植えたナチュラル系ドライガーデン。
B. 黄色や茶系の石を敷き、植物とのコントラストが出るように意識している。

C.個性が異なる草姿でもバランスの取れた配置。　D.ドライガーデンをベースにしつつ、雑多に植えている。　E.玄関横のユッカとアテナータのゾーン。石組みをして無骨なテイストに。

Episode 14　コヅツミマサル　 @hertz0947

南カリフォルニアのラフな感じを再現

現地の空気は「デカさ」で作る

　輸入業を営むコヅツミさんは、洋服や雑貨の買い付けでアメリカやメキシコに通うなかで出合った景観に魅了されました。南カリフォルニアのサンクレメンテでサーフィンをした際は、直径 1.5 m くらいのアガベ・アテナータが普通に植えられていたり、壁一面に 5 m くらいの柱サボテン群などが植えられているなど、「日本の樹木とは違うカラっとした感じ」が気に入ったといいます。

　そこで、自宅ではドライガーデンを趣味としてスタートしました。「デカいが正義」を軸に、強くシャープな巨大種をセレクト。寒さや病気に強い種をメインに植え込んでいます。どこにでも植えれば大きくなると思われがちですが、土からこだわるとこだわらないでは、3 年後くらいから差が出るといいます。そこで自身で作り置きしている土を混ぜ込んだり、入れ替えを行っています。自宅にいながら南カリフォルニアのサンクレメンテが味わえる、海外らしいラフなテイストに仕上がっています。

A. フィリピン産の黒の溶岩石に南国な雰囲気とサボテン、春にはマリーゴールドで鮮やかに飾っている。
B. ガレージ前のシンプルなサボテンのみの花壇。飾らずブロックのみで、経年変化で雰囲気を出して完成。

C. 自宅の庭は、メインで扱っている種の実験所。薬害や耐寒性、土壌の確認を行っている。　D. ベランダの植栽は、ステンレスの大きめの鉢を作り、乾燥に強く寒さにも強い種を入れている。　E. ライフスタイルショップの植栽を担当したときの写真。アメリカ雑貨をメインとする店の雰囲気を演出した。　F. 粘土質の土壌へは、根が粘土までいけばぐんぐん生長していくそう。

Episode 15　篠原邸

ちょうどいい
ドライMIXスタイル

垂れるように育つサボテンは
窓や壁が庭になる

　ご家族4人暮らしの篠原様のお家。主に2階の明るいリビングダイニングとバルコニーを中心に、ドライプランツと観葉植物をMIXして楽しまれています。新居への引越しのタイミングで植物をはじめ、今では来客時には驚かれるほどの量に。ダイニングの窓辺には、紐サボテンのリプサリスの釣り鉢を下げてコーディネート。これもひとつのドライガーデンです。至る所にフックが取り付けられるよう工夫して、飾り場所には困らないのだそう。時には状態を見ながら位置を変えたりして楽しんでいるそうです。

　年々株分けで増えるビカクシダが存在感を増してきたため、置き場所を増築。はじめは手探りで行っていた株分けも慣れてきて、今では着生させる素材やデザインも色々と試しているそうです。室内の多肉スペースは、棚上や窓際に置き場を集中させたミニドライコーナーで楽しみ、照度が足りない場合は植物用ライトで補うなど室内で元気に育てる工夫も。植物の草姿に合わせて鉢の色味やデザインを選びながら楽しんでいます。

A

B

A. 風と光が入るダイニング。増設したフェンスにはビカクシダ。風通りもありよく育つ。
B. ホヤ・カーティシー。水持ちがよくドライ植物とも水の頻度が近い。　**C.** 株分け用に取った子株たち。状態が安定したら板付けにするそう。
D. ビカクシダは色々な素材や形の板に着生させ、1つ1つ個性を出す。

E. リプサリスはサボテン科で明るい場所を好む。　F. 試行錯誤しながら少しずつ形にしていったドライガーデン。ユッカとソテツが凛々しい。　G. 棚上にはカラフルな鉢に植えられた小鉢が並ぶ。　H. 株の個性に合わせて植木鉢を選ぶのも楽しい。

I. 窓枠に並べられた小
鉢はまるで絵画のよう。
J. 子供部屋にひょっこ
りあったのはサンスベ
リア・サムライドワー
フ。　K. 階段の踊り場
には、一際大きいビカ
クシダを配置。

カースペースに儲けたドライガーデン
は、耐寒性や土壌の良し悪し、品種の相性
などで生育が不向きな品種もあることなど
を経験し、品種の入れ替えや土壌改良を繰
り返しながら今の形に落ち着いたそう。逞
しいユッカやソテツ、アガベがドライガー
デンらしい存在感を出している。リビン
グとキッチンに面したバルコニーは、ア
ガベやディッキア、ブロメリアが中心。
鉢下の通気性を確保するため、デッキを
敷いて対策を。インテリアとしても植物
と馴染みます。

ビカクシダは暖かい時期には窓際に出
して大きく生長させるそう。吊り鉢がた
くさん掛けられるよう、チェーンとフッ
クで自作した釣り鉢掛けがポイントで
す。これがあることで、高低差をつけて
飾ることができ、空間に奥行きを演出す
る効果も。室内の吊り鉢の水やりをする
際にも活用できます。

お手入れのメインスペースもバルコ
ニーとなっており、春から秋は屋内外の
植物を楽しむための場所として、家族み
んながやすらげる場所となっています。

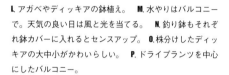

L. アガベやディッキアの鉢植え。　M. 水やりはバルコニーで。天気の良い日は風と光を当てる。　N. 釣り鉢もそれぞれ鉢カバーに入れるとセンスアップ。　O. 株分けしたディッキアの大中小がかわいらしい。　P. ドライプランツを中心にしたバルコニー。

見どころから展開させる庭づくり

小さい部分に気を配ってこそ
メインが引き立つ

　埼玉県で輸入植物の小売生産・販売、植栽工事などを行う RYU PLANTS NETWORK さんは、ガーデンオーナーとタッグを組んで、数々のお庭づくりに取り組んできました。園内で開催しているドライガーデンスクールは、植物の仕事に携わり 34 年の経験から得た感覚や技術をちゃんと対面形式で教えてくれることもあり、受講生からも好評です。そんな RYU さんの庭づくりは、バランスが一番大事なポイントだといいます。ガーデン全体の敷地の比率、敷地の周りの環境を見定め、一番の見どころを選定。そこを基点としてバランスのある施工を行っています。

　園内のシンボルは、大きなサボテン。こうしたガーデンづくりは主軸に力を入れがちですが、小さい植物に力を注ぐことでメインを引き立たせて、自然に成立させています。

　オーナーのこだわりは反映しても、自身にこだわりはないと話す RYU さんが長年の知識と経験で作ったこだわりのガーデンです。

A. お店を代表するサボテンが見どころのガーデン。　B. 植栽地の拡張工事の施工事例。家を建てたあとにコンクリートを剥がし、リガーデンする事例が増えているという。C. ユッカは好きな品種で、とくに力を入れて育てている。　D. B の庭を拡張した様子。形を四角形に拡張することを避け、極小スペースでも「花壇」ではなく、庭として成立させた。石で直線や、角の部分をなるべく見せないようにカバーする方法も。

高低差で立体感のあるガーデン

管理のしやすさも
大事なポイント

　寒冷地に住むオーナーのドライガーデン。アガベ、ユッカなど耐寒性のある多肉植物と、多肉以外の植物は、耐寒温度－15℃を目安に選ばれています。ガーデン内は一周歩ける設計になっており、上から眺めたり、下から見上げたりと、アガベを360度見渡すことができます。家の裏山にある土留めを利用し高低差を再現。土留め部分の目隠しにはウッドフェンスを活用しました。200kgはあるであろう数々の石は、知り合いの建設会社の社長さんに重機を出してもらい配置。こうして庭全体に立体感をもたせました。道があることで、鑑賞はもちろん、メンテナンスの面にもメリットが多いといいます。

　また、水の流れにもこだわりあり。軽石等をふんだんに使った環境は、予算的に非現実的だったので、県内で採取された固まりやすい砂を採用。荒天時を想定し、実際に水を流しながらシュミレーションした結果、固まった砂の上を水が流れる、水捌けのよい庭となりました。

A. 窓際に DIY で簡易的な棚を設置。耐寒性のないアガベを室内で育てる。　**B.** 顔の位置がちょうどドライガーデンの横に来る高さ。植物を眺めやすい。　**C.** メインのドライガーデン。　**D.** リビング前のウッドデッキ下もドライガーデンに。夜はここでビールを飲む楽しみも。

Episode 18　S邸　📷 @1300000R

「魅せて育てる」
ドライガーデン

こだわりの積み重ねが
説得力のある空間へと昇華

　インダストリアルなインテリアを基調に、鉢のデザインと株の質にこだわった植物たちが部屋や庭に整然と収まっているSさんのお家。リビングは高く抜けた吹き抜けがあり、上部からバランスよく吊るされたハンギングプランツが目を惹きます。

　植物を迎え入れたのは新築時。盆栽仕立てのサボテンを部屋のシンボルへ迎え入れ、それからドライプランツの魅力に惹き込まれ、少しずつ増やしていくうちにこだわりも出てきて面白みが増えたそう。

　植物の管理はご主人がメインで、植物を購入するのは実店舗やネットショップ。しっかりと発根している良質な株を探し、納得して迎え入れており、1つ1つ植木鉢のデザインや質感も選び、それぞれ作品のように仕上げていきます。植物を飾る棚やインテリアは奥様を中心にDIYをすることが多いそう。階段や壁のあらゆる所に植物が飾れるようにしてあり、植物の状態を見て入れ替えできるようになっています。部屋を見回すと、太陽光の当たりづらい場所には植物用のライトが付けられています。

A. 床置き・棚置き・吊り、色々な飾り方でバランスよくコーディネートされたリビング。**B.** 階段をうまく使った真似したい飾り方。鉢物は1つ1つこだわった植木鉢に植え替えることでリッチな雰囲気に。　**C.** 階段のカーブ部分にはユーフォルビアとアデニウム。日照を見ながら場所を入れ替える。　**D.** 吹き抜けの天井から下がるのはビカクシダやサボテン。ボリュームのある株も空中なら邪魔にならずインテリアとしても目を引く。

E. 接木サボテンの白鳥をはじめ、個性的なサボテンや
ユーフォルビアが並ぶ。　F. 電気のコードを隠すために
DIY したケーブルカバーにフックを取り付け、ビカクシ
ダを取り付けた。　　G. 階段下に窓からの光が入るよう
なら、フックを取り付け植物置き場にできる。長く垂れ下
がったリプサリスはマクラメハンギングでセンスアップ。
H. 最近はアガベにハマっていますと S さん。チタノタな
どこだわって仕入れた株を重厚感のある鉢に植替え、さ
らに存在感を演出している。

I. ビカクシダの子株。安定してきたら板付けする予定。こうした手入れの過程が見えるのも面白い。　J. ちょっとした窓の縁にも小鉢を。小さな株でも植木鉢のデザインにこだわる。　K. ドライプランツと相性の良いタンクブロメリアもシャビーなシルバーリーフを取り入れ、インダストリアルなインテリアによく馴染んでいる。　L. 盆栽仕立ての鬼面角。胴切りした場所から新芽がのぞく。　M. 亀甲竜、アガベ、アデニウムなどが美術館のように飾られている。日照が不足しがちな角は植物用のライトで補う。

屋外には、エントランスのロックガーデンと2階バルコニーの大きなユッカ・ロストラータ。目の前の河川敷から風が抜ける立地のため、日照と風通りが抜群です。ロックガーデンはすべてドライプランツで統一し、1株ずつ増やしていったそう。ユッカやソテツは数年で倍ほどの大きさとなり、迫力ある姿見は見応え十分です。天気の良い日はバルコニーやお庭で日光浴をさせたり水やりを行うそう。「夏場はほんの少しの直射日光でも葉焼けを起こすことがあるので、なかなか目が離せません。」とご主人。

　庭植えにしたアガベは子株をたくさん出し、生育旺盛。鉢植えと地植えのパワーの違いを感じます。出てきた子株は摘み取って小さな植木鉢に鉢上げができ、こうした作業も楽しさのひとつです。ドライガーデンの足元にはガーデンロックを敷き、ワイルドな印象に。石はライトグレーの色味で、日光を反射するため株元の日照不足の解消効果も。

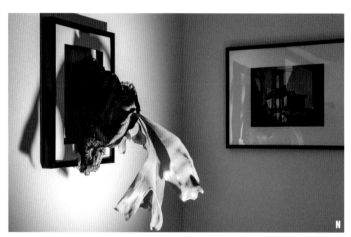

N.necomoss さんで仕入れたお気に入りの株。植物用のライトでライトアップし見応えも演出。　O.地植えしたダシリリオン・ウィーレリー。　P.玄関横のスペース。屋外も植木鉢にこだわり植え替える。　Q.2階バルコニーにはロストラータ。天気の良い日はここで水やりや日光浴をさせる。　R.新築時から少しずつ増やしていったドライガーデン。日当たりも良く株の育ちもよく、見応えのあるエントランスに。

背景×植物コーディネート

美しい見た目と生育環境を叶えるレイアウト

　ドライガーデン系の植物や、オージープランツをメインとして、ジャンルの枠を超え様々な植物に囲まれた一軒家。濃色の壁がスタイリッシュなファサードには、ユッカ・トンプソニアーナ、ユッカ・ロストラータ、ユッカ・グロリオサ、アガベなどが、まるで絵画を描くように調和の取れたバランスでレイアウトされています。訪れた人を最初に出迎える家の顔は、パッと目を引く大型の植物を植えることで印象付けるのがポイント。樹形や生長を考慮して配置すれば、年月が経ち生長するにつれ、変化していく姿を楽しめます。

　庭の敷地の角に設られたドライガーデンゾーンには、ユッカ・ファクソニアーナ、ダシリリオン、プヤセルーレア、ユッカ・リギダ、ユッカ・フィリフェラ、アガベなどが植えられています。背の高い植物を中心にレイアウトすることで高低差を出して奥行きを演出すれば、見た目のバランスが整うことはもちろん、植物の生長に必要な日当たりを確保することもできます。

A

A. ファサードのドライガーデンゾーン。　**B.** 庭の角に設けられたドライガーデンコーナー。　**C.** コンテナドライガーデン。DIY したレイズドベッドにチャメロップスセリフェラ、ディクソニア、フェニックスロベレニーなどが植えられている。　**D.** 庭のドライガーデンのレイアウトは、2 階から見下ろしたときも美しいバランス。

見る角度で表情が変わる庭

レイアウトにこだわった
フォトジェニックガーデン

　見る角度によってまるで別の庭のように印象が変わるフォトジェニックガーデン。魔法のレイアウトのポイントは、中央に据えられた5頭のユッカ・グロリオサです。複雑な造形の5頭のユッカグロリオサは、見る角度によって変幻自在に姿を変えます。計算されたレイアウトで立体感を演出しているので、見る場所を変えれば異なる景観を見せてくれる、写真に撮ることで真価を発揮する、フォトジェニックガーデン。

　柱サボテンを植えると、立体感と奥行きがぐっと増します。そのほか、鬼面角（きめん）、オバティサナシースター、サルミアナフェロックス、オバティフォリア、アスペリーマポトシエンシス、うねりが強い特殊なタイプのアスペリーマポトシエンシスなど、色と形のバランスにこだわったバリエーション豊かな植物のとりあわせがポイント。メインガーデンのほか、玄関脇のミニガーデンや育生用レイズドベッドを用いて、庭づくりをしています。

A. 玄関脇に設けたミニドライガーデン。　**B.** 雨避けの屋根にランタンを灯しておしゃれ空間を演出。　**C.** レイズドベッドで植物を育生。　**D.** 紺色の壁にドライガーデンが映える。　**E.** メインガーデンを正面から撮った写真。　**F.** 向かって左からの写真。世にも珍しい5頭のユッカグロリオサが中央に鎮座する。　**G.** 斜め左からの写真。岩や柱サボテンの絶妙な配置により、少し角度が変わるだけで雰囲気がガラリと変わる。　**H.** 向かって右からの写真。ユッカ・グロリオサが他の角度とは違う形に見える。　**I.** オバティサナシースターを手前に入れた、遠近感のある画角の写真。

Episode 21　52four_home　 @52four_home

家族の絆を深めるガーデン

Do It Yourself！ 購入から植栽まで家族みんなで庭づくり

「Do It Yourself」を合言葉に、植物、石の購入からレイアウト、植栽まで専門家やプロの力を借りずに家族でつくったドライガーデン。植物は大きな株を購入するのではなく、なるべく小さなものを購入し、日々の生長を楽しんでいるそうです。

金鯱をメインとしたゾーンは、甲賀砂利を敷いてサボテンの色味と合わせてコーディネート。これからの生長が楽しみな、滝の白糸、吹雪柱、金鯱が仲良く並びます。ドライガーデンの定番の岩のほかに、大きなビンテージ看板や流木を取り入れているのも、アメリカンな雰囲気づくりのアクセントとして効いています。

オーナーに話を聞くと、ヤシの木を植えたいと考えて調べているうちに、どんどんドライガーデンの魅力にはまっていったそう。ディズニーランドのビックサンダーマウンテンのような、立派な柱サボテンのブランチをつくることが目標とのこと。家族みんなで楽しめる、絆を深めるドライガーデンです。

A. 左から滝の白糸、吹雪柱、金鯱。　B. 大きなアガベの後ろには、ビンテージ看板を配置して色合いのメリハリを演出。　C. 白いくるんとしたヒゲが特徴的な滝の白糸。　D. ロストラータをメインとしたゾーンの砂利は、赤茶色のスコリア。左からエクスパンサバリーダ、団扇サボテン、ロストラータ、王冠竜。　E. 庭全体の景観。ドライガーデンの奥には芝生のコーナーを設置。　F. 芝生のエリアで家族でBBQを楽しみながらドライガーデンを眺めるのが休日の楽しみ。

ドライフラワーも楽しめる庭

地植え×鉢植えがポイントのおしゃれカフェ空間

ドライフラワーとして楽しめる植物を中心として、オージープランツを使った植栽でつくったドライガーデン。お洒落なカフェや花屋のディスプレイを参考に、鉢植えと地植えを組み合わせてレイアウトしています。オージープランツとゴツゴツした石を合わせたレイアウトはとてもエキゾチック。まるで、大きなジオラマのような庭です。

もともとはドライフラワーがつくれる植物を庭で栽培したいと考えたのがはじまりで、オージープランツのバンクシアやプロテアに行きついたと語るオーナー。栽培している植物が乾燥した環境を好むものが多かったので、気付けばドライガーデンができあがっていたそうです。

バンクシアは20種類近い品種が育てられており、バンクシア・ビオラセアという、珍しい種類のものも植えられています。別名バイオレット・バンクシアとも呼ばれており、美しい紫がかった色味の花を咲かせます。珍しい植物を手元で育てられるのも、庭づくりの魅力の一つです。

A. スモークツリーのドライフラワーが、庭づくりのきかっけ。
B. 珍しい植物、バンクシア・ビオラセア。　C. ドライガーデンにかわいらしい雰囲気をそえてくれるフランネルフラワー。

D. 鉢植えと地植えがバランスよく配置されている。　**E.** 夜のライティングは、適度に間隔を開けることで幻想的な雰囲気に。　**F.** オージープランツと石のコーディネートは、ジオラマを作るイメージで配置。　**G.** ムードを演出してくれる、ランタンの小道。

Episode 23　ずいち　📷 @zuichi0326

住宅地にマッチするガーデニング

借景をアレンジ！ アイデア満載のジオラマガーデン

多肉植物やサボテンなどのドライガーデン系の植物と、みずみずしく鮮やかな花びらのコントラストが新鮮な個性派ドライガーデンです。オーナーに話を聞くと、元々は花や葉物などの庭をつくっていましたが、伊豆のシャボテン動物公園に行ったことをきっかけに、多肉植物やサボテンを植え始めたそう。一番最初に挑戦したのは、多肉植物の地植えでした。

もともとは花壇をつくっていたけれど上手く育たなかった場所も、ドライガーデン系なら大丈夫。庭の南側に立つ柱のせいで常に日陰になってしまう場所には、冬型種のオーレアエッグ、ハオルチア・松の霜をレイアウト。植物に合った生育環境を探りながら、段々と庭の中にドライガーデン系の植物が増えていき、個性的な庭ができあがりました。そのほかDIYでモルタルを塗った壁や、白ペンキを塗った亀甲網、植物の中に鎮座する仏様の像など、植物以外のモチーフにもこだわっています。

A. カラフルな花とグリーンのコントラストが映える。　**B.** 赤葉のヒューケラとサボテン金盛丸。**C.** 草花火、サントリナ、般若の群生などの背後は、DIYで塗った壁。葉物を混ぜるのがポイント。

D. アガベアトロビレンス、クリソセファラム、赤葉のヒューケラ、ホスタの斑入りなどの植物のなかに、お釈迦さまの像が顔を覗かせる。　**E**. ソテツ、柱サボテン鬼面角、ソフォラリトルベイビー、フェロカクタス王冠竜、アロエペグレラエなどを高低差を出してレイアウト。　**F**. 常に日陰になってしまう場所に植えたソテツと、冬型種のオーレアエッグ。　**G**. 鉢植えで元気がなかったベネズエラやサボテンは、地植えにしたら生き生きと育つように。

白で統一したスタイリッシュ空間

一から手作りした唯一無二のオリジナルガーデン

　100cm 底上げした DIY のレイズドベッドが特徴的なドライガーデン。日当たりの良くない住宅地でドライガーデンをつくる方法を探し、試行錯誤の末に行き着いたオリジナルの形です。小さなスペースをスタイリッシュに演出するために、石や塗装を白で統一。一般的なドライガーデンのようなワイルドなイメージではなく、クールなおしゃれさをテーマにしています。

　レイズドベッドのサイズは 105 × 145cm。みかも石や岐阜石を使った王道ドライガーデンのレイアウトはサイズ感が合わないので、独自のコンセプトで新たなドライガーデンを開拓しています。背景に設えた目隠しフェンス、風雨から植物を守るための屋根も、家のタイルに合わせた白色で DIY。オーナーに話を聞くと、小さなガーデンは少量の石や土でつくることができ、少数の植物で存在感が出せるので、コスパが良く管理しやすいとのこと。小株の生長を楽しみながら、ドライガーデンの完成を目指していくのが楽しみと語ってくれました。

A. 地面から 100cmほど底上げした DIY のレイズドベッド。　**B.** 塗装も石も白でコーディネートし、ワイルドさではなくおしゃれさを演出。

C. 家を建てる際に、シンボルツリーとして植えたオリーブの木。　D. 背景のフェンスに植物の影が映し出される幻想的なライティング。　E. フェンスも白で統一したのがポイント。　F. アガベ・吉祥天。小株からじっくり育てていく楽しみもアガベの魅力。

日常生活に潤いを
もたらすオアシス

リゾート気分が味わえる
南国風ドライガーデン

　素人でもできる南国風のドライガーデンがテーマ。ホームセンターの堆肥や軽石を使い、土をつくるところから始めたオーナー自らの手でつくられたドライガーデンです。植えられている植物は、ユッカロストラータ、ユッカ・カルネロサーナ、ユッカラン、メキシコユッカ、コルジリネ　レッドスター、アガベ　アメリカーナ、金鯱（きんしゃち）など。玄関アプローチもDIYでつくったので、全体のバランスをみながら、南国のリゾートをイメージして空間づくりをしました。

　家を建てるタイミングで庭について調べるうちにドライガーデンと巡り合い、手がかからないところに惹かれたと語るオーナー。夜のガーデンを彩る照明はソーラー充電タイプを使用しているので、維持費もカット。お気に入りはユッカ・ロストラータとユッカ・カルネロサーナとのこと。植栽を選ぶ際には、見た目のバランスだけではなく、地域の気候にあった耐寒性のある植物を選んでいるそうです。

A. 玄関アプローチに沿って設えたドライガーデン。　B. 珍しく子株を持った、ユッカ・カルネロサーナ。　C. 道路に面したメインガーデン。ユッカ・ロストラータとユッカ・カルネロサーナを主役に。　D. 仕事から帰ってくると真っ先に目に入る場所なので、夜でも楽しめるようライトアップ。E. 玄関アプローチもDIY。　F. 植物を照らす等間隔に設置したライトが、足元灯の役割も果たしてくれる。

好きをぎゅっと詰め込んだ空間

ワクワク感を演出！　心ときめく植物の遊園地

　庭の空間を自分の好きなように演出できるのが、ドライガーデンの醍醐味。こちらの庭のオーナーは、子供のころ遊園地や動物園のゲートを潜った瞬間のワクワク感が忘れられず、大人になった今もあの高揚感を感じられる場所をつくりたいという思いで庭づくりをしているとのこと。コンセプトのとおり、庭のそこかしこになつかしいおもちゃや、テーマパークのようなポップなテイストの看板がレイアウトされています。DIY でつくった温室のなかには、寒さに弱い品種のアガ

べなどの多肉植物が大切に育てられています。

　ドライガーデンをはじめたきっかけは、家を建てた時に庭づくりをしようとホームセンターに通うようになり、そこでアガベに出会い心を奪われたことと語るオーナー。アガベといえばアメリカ、アメリカと言えばドライガーデンという連想で庭のコンセプトが固まっていったそう。温室で本格的にアガベ育成に取り組むようになった今は、アガベの生産者に憧れているとのこと。

A. 小型強健種のアガベ。ビール瓶を添えて遊び心をプラス。　**B.** プランターを使ったミニドライガーデン。ウッドフェンスに遮られ、冬の日当たりが悪いのでブロックで高さを出して一工夫。　**C.** ビンテージテイストのおもちゃとドライガーデンは相性抜群。

D. 家を背景にした庭の全体像。　**E.** 岩を使ってエリア分けをした、広い敷地を生かした自由な空間作り。　**F.** 寒さに弱い品種を越冬させるための DIY 温室。　**G.** アガベ・アメリカーナ2種。手前は斑入りの華厳（けごん）。日本の気候でも育生できる大型品種。

絵画のような美しい色合わせ

立体的配置で奥行きを演出する空間マジック

開放的な芝生とドライガーデンのエリアがベストマッチ。ドライガーデンの植栽は、低い植物は手前、背の高い植物は後ろになるように、高低差をつけて植えられています。全体のバランスをとるために、遠目で確認しながら植え付けるのがポイント。庭を見たときに、植物が重なって隠れてしまわないように配置されています。

家を建てたときに植えたシンボルツリーは、芝生の真ん中に植えられたココスヤシ。その後、手のかからないユッカやアガベを集めはじめ、今の庭の形ができあがったとのこと。ユッカは、日本の四季にも対応し手のかからないところが心強く、見た目の作り出す雰囲気も気に入っているそうです。

色味に気を使うと庭の仕上がりが格段にアップすると語ってくれたオーナー。青白いロストラータの脇に、黄色の金鯱（きんしゃち）、赤いレッドスター、濃いグリーンのアガベを植え、石の色味にもこだわっているそう。仕上げに青空が最高の差し色になります。

A. 広々とした芝生の中央にココスヤシが鎮座する。　B. 芝生を囲むフェンスの外側には、岩と植物をレイアウト。

C. 庭の端に設えた屋根つきのドライガーデンコーナー。　**D**. 温室の中にも大型の植物がずらり。　**E**. 細かい砂利に植物が点在する、スッキリとしたレイアウト。　**F**. 電球を吊るした夜のライトアップが、リゾートのような開放的なムードを演出。

家族の思い出を刻むアルバム

子供の遊び場として共に生長するドライガーデン

　コーナーにドライガーデンゾーンを設けた、子供が遊びやすいように人工芝を敷いた広い庭。家のアクセントのメイプル色に合わせて、ドライガーデンはオレンジ色のミカモ石を使っています。家と一緒に生長させたいとの思いから、植物は子株や実生から育てています。

　植物はアガベがメイン。パリー・トランカータ、パリー・吉祥天錦、パリー・吉祥天、シュリベイマグナ、オバティフォリア、アメリカーナ・トリマンブルー、アメ

リカーナ・華厳、パルメリー、サルミアナフェロックス、ユッカ・ロストラータ、ダシリリオン・ロンギシマムなどが植えられています。石はなるべく自然に見えることをコンセプトに、高さを出して配置。

　家を建てる際に、ヤシを植えようと考えていたけれど予算が足りなかったため、自分で育ててみようと思ったのがドライガーデンをはじめたきっかけと語るオーナー。子供の生長と共に大きくなるのが楽しみとのこと。

A. 芝生の庭のコーナーに設えたドライガーデン。みずみずしい芝生のグリーンとドライなベージュのコントラストがスタイリッシュ。　**B.** 日常生活でなかなかお目にかかれないワイルドなロックガーデンは、子供の遊び場にぴったり。　**C.** パリー・トランカータ、シュリベイマグナ、パルメリーなどアガベを中心に、自生地のように岩間から小株を出す様子が愛らしい。

Agave Parryi
~Var.Truncata~

ミニチュア
ドライガーデン

サボテン盆栽でつくる
小さな世界

　庭がなくても、ベランダや玄関など小さなスペースで楽しむことができるのが魅力。自然の景観を鉢のなかに再現することを目指した、サボテン盆栽。盆栽の雰囲気をつくるために大切なのは、小さな空間の中にも高低差をつくること。上に伸びる植物を使い、メリハリをだします。より自然なムードを演出するコツは、石で根元を隠すこと。立体感と奥行きをつくると、本格的な仕上がりに。

　あえて幹立ちした多肉植物や、徒長してしまった玉サボテンを使うと、力強い自然の生命力を表現することができるのも、サボテン盆栽のポイント。固定観念に囚われず、自由な植物の組み合わせで、世界にひとつのオリジナルの鉢をつくりました。岩や流木を添えてメリハリをつければ様々な景観をつくれるので、想像力が無限に広がります。恐竜や動物のミニチュアを添えるのも楽しい。全体像を自分の手で作り上げることができるので、作品を作る感覚で楽しむことができます。

A. 一年で大きく育った多肉植物。　**B.** 盆栽を意識して色合いと余白をつくった鉢植え。

C. ミニチュアロックガーデンをイメージ。サボテンや幹立ちしたエケベリアを使い、自然に見える空間作り。　**D**. 端にサボテンを植えて、大きな岩を配置。手前につくった大胆な余白がポイント。　**E**. 大きく丸いサボテンが仲良く二つ並ぶ。　**F**. 木質化していてワイルド。群生する大株に見えてくる。

屋内でも育てることができるのが、鉢植えの魅力。鉢植えを置けば、いつものお部屋がおしゃれな癒し空間に大変身します。屋内で育てる際におすすめなのは、多肉植物の寄せ植え。太陽光を好むサボテンよりも育てやすいのはもちろん、お部屋の雰囲気にマッチした幻想的な世界をつくることができます。小さいからこそ細部までこだわり抜いて、自分だけのファンタジーの世界をつくることができます。

　鉢植えを置く場所は、ライティングにもこだわって植物の色をより鮮やかに際立たせます。お気に入りのライティングで撮影して、写真作品を作ってみるのもおすすめです。おしゃれに撮影するポイントは、色のバランスと、岩や流木などの自然物の配置。深海や、森のなかなど、ひと鉢ごとにテーマを決めて構築してみて。

　小さな空間に自然を模倣する日本の伝統的な盆栽のように、多肉植物の描く曲線や、独特のテクスチャは、生き生きとした生命力を感じさせてくれます。

G. 岩をポイントにした、荒野のミニチュアのような多肉植物盆栽。
H. 流木と縦型の植物をレイアウトするとまるで深海の底のよう。
I. アップで見ると、まるでジオラマの世界が広がる。　J. お部屋の中に置けば、空間がパッとおしゃれに。
K. ライトアップすると、カラフルな多肉植物の色彩が際立つ。

ワイルドなロックガーデン

メキシコの荒々しい自然をリアルに再現

　メキシコの荒々しい自生地を再現することがテーマ。「三度の飯より岩が好き」と語るオーナーは、現地メキシコの写真を見たり、河原や山の岩を見て庭づくりの参考にしているとのこと。岩へのこだわりは強く、販売岩だと人工的になってしまうので、実際に山へ足を運んで岩を見に行き、自ら仕入れて輸送しているそうです。

　植物は、50cmオーバーを中心に多くの金鯱（きんしゃち）が植えられています。唯一無二のカクタスガーデンを作りたいというオーナーのこだわりポイントは、岩で高低差つけて立体的に見せること。斜面から転がり落ちたイメージで岩を配置するなど、岩についてのリサーチを生かしたレイアウトは、ワイルドな魅力を放っています。

　そのほかに植えられているのは、ユッカ、アロエ、プヤ・ハムシー、笹の雪（ささのゆき）、パリートランカータなどのアガベ、旺盛丸（おうせいまる）など。エケベリアのローラ、ラウリンゼなどは、あえて地植えにして大きくワイルドに育てられています。

A. サボテン、アガベ、ユッカ、アロエ、プヤをレイアウト。　**B.** メキシコの荒野をイメージしてこだわり抜いたロックガーデン。　**C.** アガベ、エケベリア、旺盛丸と岩が自生地のようにレイアウトされている。　**D.** 地植えにしたエケベリア、ローラ、ラウリンゼ。　**E.** 主役級のオーラを放つ金鯱は、なんと50cmオーバー。

アガベのある暮らし

アガベ好きによる、アガベ好きのためのガーデン

アガベを育てるうちに、その種類の豊富さや、圧倒的な存在感にどんどん惹かれていったというアガベ大好きオーナー。家を建てるタイミングで、アガベ用のスペースを設け「アガベのある暮らし」をコンセプトとした庭づくりをスタートさせました。庭には全て違う種類のアガベを植えているこだわりよう。種類によって大きさや葉の形状、耐寒性や色も全然違うアガベを一度に楽しむことができます。雪が降る地域に住んでいるので、耐寒性に注意し、雪に埋まっても大丈夫な品種を選んで植えられています。種類によって耐寒性がさまざまなアガベは、耐寒性が強い種類であれば、一冬に何回も雪に埋まっても、目立ったダメージはなく冬を越えることができるといいます。

アガベとあわせてヤシやユッカのような植物や、高さのある庭木も植えました。一見合わなさそうなイメージもある庭木も、意外とマッチすることが判明。アガベが引き立つよりよい雰囲気のある庭になりました。

A. 玄関前はアガベ・アメリカーナ・オアハカセンシスを配置。曲がらずにまっすぐ伸びる葉が魅力的。

B. 大型のアガベと庭木は、全く違う植物でも、意外と合う組み合わせ。　C. 蒸れに強く、耐寒性の強いアガベを選んで庭に植えている。　D. トランカータは、耐寒性が非常に強く、白い葉と赤い刺が非常に美しい種類。

E

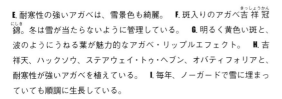

E. 耐寒性の強いアガベは、雪景色も綺麗。　F. 斑入りのアガベ吉祥冠
錦。冬は雪が当たらないように管理している。　G. 明るく黄色い斑と、
波のようにうねる葉が魅力的なアガベ・リップルエフェクト。　H. 吉
祥天、ハックソウ、ステアウェイ・トゥ・ヘブン、オバティフォリアと、
耐寒性が強いアガベを植えている。　I. 毎年、ノーガードで雪に埋まっ
ていても順調に生長している。

bci.home ⭕ @bci.home
▶️ https://https://www.youtube.com/@bci.garden

いつでも絶景に出合えるドライガーデン

カリフォルニアの
空気をまとった空間づくり

　BCI Garden と名付けられたこのドラ
イガーデンは、オーナーがずっと昔から
憧れていた、アメリカンなデザインやカ
リフォルニアスタイルを実現させた世
界。植物は、原産地がメキシコのものが
多く植栽されています。見る位置から奥
に向かって高く土を盛り、高低差が分か
りやすく出るような工夫にこだわりあ
り。前後だけではなく左右の高低差も意
識することで、より立体感のあるドライ
ガーデンが作り込まれています。また、
背の高いユッカ系の植物をより高い位置
に植えることで、見た目のインパクトが
出るように配置しています。

　角度をつけた植え付けや、お気に入り
の株が見えやすいように意識すること
で、自身が出入りするときによく見る角
度や、リビングから見える景色が贅沢な
景色になりました。いっぽうで、自由な
発想で庭を作れる反面、石を組み上げる
のにはとても苦労したそう。

　その難しさや苦労も魅力であり、DIY
の醍醐味なのかもしれません。

A. ガーデン内で目を引く大きなロストラータ。
B. 金鯱をずらして配置。

C.石を土留めにしながら、奥に向かって高低差をつけて植えることで、奥行きを出し立体的にも見えるように。　D.カリフォルニアスタイルの自宅に合わせて庭の雰囲気も統一。　E.色や形の良い石は植栽の斜め前、斜め後ろに設置することを意識。　F.巨大でたくましいオバティフォリア。

G. 来訪者にも評判がいいというライトアップの様子。 H. 大きくなるユッカ系の植物は、どの角度から見ても横並びにならないように植える場所、植える角度をずらしながら、1株1株かっこよく見えるように調整。 I. 葉数が多く、青白い葉の植物は、夜になり月明かりやライトアップで一段と輝きが目立つ。 J. 数年後の生長を考えながら前後左右のバランスを見て植えるのも楽しさのひとつ。 K. 淡い色の外壁と、濃い茶色のみかも石というカラーバランスにもこだわった。 L. デッキ横に作られたミニガーデン。 M. カリフォルニアのトラフィックサインやドラム缶など、カリフォルニアブルーが好相性。

Episode 33　chalan　◎ chalan_home

アメリカンミリタリーの遊び心ある秘密基地

カラーや小物を駆使して世界観を作り込む

　自らの庭を「YAMADA BASE」と名付け、好きなものを詰め込んだ基地のようなドライガーデン。Instagram の @hagi_farm さんのドライガーデンに影響を受け、本格的な庭づくりを始めました。コンセプトは、シンボルツリーのココスヤシを引き立てる植栽。冬の平均気温が -12.1℃〜 -9.4℃と低い地域に住んでいるため、アガベを中心に、耐寒性の強い品種を育てています。

　家の外観と合わせて、グリーン×ブラウン×シルバーを意識し統一感を演出。お気に入りの品種、パリーを中心としたポーチ前エリアは、みかも石のドライガーデン。上下左右奥行きを微妙にずらして植え付けることで、メリハリ感を出しました。ガーデン内にところどころに見られるのは、ミリタリーなサインプレートやフィギュアたち。アメリカの戦闘機をモチーフにリメイクした「シャークマウス風向計」を設置するなど、アメリカンテイストな遊び心がいっぱいです。

C

D

A. 塩ビ管への植栽は、旅先で出会った方の植え方のオマージュ。　B. フィギュアを置くことで世界観が増す。　C. グリーンカラーの外観と合わせてトーンを統一。　D. お気に入りのバリーたち。

E. ガビオンベンチやケーブルドラムなども庭の雰囲気を向上させるアイテム。　F. 温湿度計とGIジョーのフィギュア。　G. ミリタリーの遊び心をプラス。　H. 雨よけのためにパイプとビニールで屋根を設置。　I. 風向計をアメリカンテイストにリメイクした「シャークマウス風向計」。

J. 玄関前のエリアは、みかも石のガーデンの
ほか鉢植えも並ぶ。　K. シンボルツリーのコ
コスヤシ。

Episode *34*　べり会かいちょー　📷 @berikai1223

ヴィンテージ味のあるワイルドなガーデン

自生しているかのような
リアルな配置を追求

　長年雑草だらけだった庭を整えたくて始めたというドライガーデン。自身がDIY好きであることを活かした庭づくりを楽しんでいます。レイズドベッドの枠は、厚めの足場板を使って自身が制作したもの。塗装はせず、古材の雰囲気を出しています。また、枠内には防草シートを貼りつけることで、腐敗防止を期待。用土は軽石小粒80L、軽石中粒48L、牛糞堆肥80L、くん炭20Lと、元々の土を少し掘り起こして混ぜ込み、砂利でマルチングしました。

　メインは、耐寒性の高いモンタナとパリートランカータ。緑一色にならないよう、コルジリネ・レッドスターや、カレックスブロンズカールを入れています。植物は自然に見える配置を心がけることで、自生している雰囲気を感じられるように。装飾品もできるだけシンプルを意識。サインプレートのチョイスは、ヴィンテージ雑貨好きならでは。植物自体が持つワイルドさと、ガーデンの世界観がマッチした理想的なお庭です。

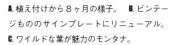

A. 植え付けから8ヶ月の様子。　**B.** ビンテージもののサインプレートにリニューアル。
C. ワイルドな葉が魅力のモンタナ。

Episode *35*　きのぴー　⚪@kino_plants

素材探しに工夫あり

手に入れやすい石を使って
目を引くガーデンに

　一軒家を建てたことをきっかけに、植物や土の調達、植え込みまですべて1人で手掛けたDIYガーデン。住んでいる地域には、ドライガーデンに適した石や砂利の販売が少ないため、県内を探し回って素材を見つけ、現在の形になりました。みかも石が手に入りにくかったため、石は熊本の天草石を使用。一方で、ボラ土は手に入りやすかったため、庭づくりに活用。水はけ改善のために、多めに使用しています。

A. 鉢植えはスリットが入っているものを愛用。モノトーンでそろえて統一感を出している。　**B.** ロストラータは「1本あるだけで庭が垢抜ける」とお気に入り。　**C.** 夜のライトアップの様子。

　高低差のある2本のユッカ・ロストラータを主役に配置し、土を高く盛ることでメリハリを意識。「家の前を通った人が、思わず足を止めてしまう」ほど、目を引くガーデンがコンセプトです。夜は、葉が細い植物に光を当てることで、繊細で美しい様子を演出。

　とはいえ、見映えよりも、植物が健康的に育つ環境づくりが第一優先。用土や肥料などを試行錯誤し、調子の良し悪しが理解できるようになっていく過程にも面白さを感じるといいます。

好奇心のままに " いいとこ取り "

好みの個体を集めたら生まれた
自然な統一感

　弟さんの勧めで 2021 年から始めたというドライガーデンづくり。弟さんの庭を手伝ったり、自身の庭を DIY したことで愛着が湧き、いつの間にかハマってしまったといいます。自宅の外壁に沿うように設置されているのは、ロストラータや、デスメティアーナ、フィラメントーサなど、ユッカを集めたゾーン。ライトアップは電球色ではなく暖色にすることで、洗練された中にもほんのりとした温かみが感じられます。

　敷地内には別途、雷神、金鯱などをバランス良く配置したアガベ中心のゾーンも設置。土を高く盛り、階段状に棚田のように、みかも石を配置することで、それぞれの植物が際立つ構造になっています。特にガーデンのテーマは設定していないといいますが、洗練された中にも野性味のあるテイストになりました。一目惚れした綺麗な個体や、将来が楽しみな個体などを自由にセレクト。自分の好奇心を満たす " いいとこ取り " なガーデンです。

A.アガベを中心としたゾーンの様子。　B.ユッカゾーンのライトアップ。　C.生き生きと育つアガベ雷神。　D.ユッカのゾーンに植えられているカラーガード。

Episode 37　affection　📷 @affection_cts

野生味を大切にしたアンバランス感

丁寧すぎないことも庭づくりの秘訣

　野生感とワイルドさを大切に、メンテナンスが大変にならないような丁寧すぎないつくりで、アンバランス感を重視。子どもがいる家庭なので、できるだけ危なくないような個体と配置を意識したところもポイントだそうです。流行りのアガベも使いつつ、一癖ある色物も混ぜることを意識しています。

　普段から庭づくりをお仕事にしていて、自分のものは買いすぎないように気をつけているというオーナー。それでも植物への愛着は深く、プライベートではどうしてもその子しかいないと思った子だけ連れて帰ってベランダでポット栽培しているそうです。お客さんの要望やお店のスタイル、沖縄という気候と入手できる植物の特性からロックガーデン寄りのスタイルが多くなったとのことで、メンテナンスのしやすさとスッキリとかっこいいスタイリッシュさが魅力的と話してくれました。

A. アンバランス感も大切に。　**B.** 色物も混ぜながら。　**C.** 沖縄の気候にも合わせたワイルドなスタイル。

Episode **38**　うめすけ　📷 @umesuke_plant

日本家屋に合わせた和風モダンな
ドライガーデン風花壇

アガベを主役に据えた、
晴れと雨でガラッと表情が変わるコントラスト

　日本家屋に合わせて砂利を多めに使用し、和風モダンな庭を目指したドライガーデン風の花壇。「大好きなアガベを地植えで育てたい」という思いから、どうしたらアガベがかっこよく際立つのかにこだわったそうです。晴れと雨でがらっと表情が変わるので、砂利を使用すると2パターンの雰囲気が楽しめます。水で濡らすと砂利が濃くなり、鮮やかな斑入りアガベがより際立つコントラストが好きと話してくれました。

　もともと多数の庭木が植えられていた

もののとにかく手間がかかり、ローメンテナンスなこともドライガーデンの魅力だそう。土も赤玉土と軽石のみでアガベに寄せたもので、五色万代、パラサナ、滝の白糸 錦など、いずれも耐寒性が強く小〜中型サイズの品種。有機質がゼロの乾燥した土でも育ってくれるアガベの相棒を探すのがなかなか大変ですが、ユーフォルビアやセダム、センペルビウムなども、定番の植物から少しズレたものにこだわっているそうです。

A. 晴れの日のドライガーデン風花壇。 **B.** 水で濡らすとコントラストが際立つフィラメント系のアガベ。 **C.** 自重で頭が垂れ下がっているユー
フォルビア・アスコットレインボー。 **D.** ユーフォルビア・フロステッドフレーム。

ココスヤシが映えるリゾート風ドライガーデン

細部までこだわった "見せ方" への意識

　モダンな雰囲気の真っ白な平屋に馴染むような見せ方にこだわった、リゾート風ドライガーデン。ココスヤシとアガベ・アメリカーナを中心にリゾートな雰囲気を保ちつつ、サインプレートや小物を置いて空間を演出。色変更ができるタイプのライトを使用しているのもこだわりのひとつだそうで、夜にメインのココスヤシのみレインボーカラーにライトアップした光景は、さながらリゾートホテルのような雰囲気が味わえます。

　植物の見せ方もアートを飾るような感覚を大切にしているというオーナー。部屋の雰囲気に馴染むように鉢の色を考えたり、窓際の植物に育成ライトを当て部屋のライトも間接照明を使うなど、外からも植物達が美しくキラキラ輝くアートのように見えるように意識している点もポイント。今年はいよいよ様々な品種を地植えするそうで、住んでいる地域や家の環境に合った植物をよくリサーチすることにもこだわった、長く楽しむための庭づくりがますます楽しみのようです。

A. 室内でも楽しめるようミニアメリカンフェンスやサインプレートを使用。　B. レインボーカラーのライトアップに、ワニ達が雰囲気を盛り上げる。　C. 地植えを待ち侘びていたユッカ・ロストラータを庭へ。　D. アガベ・アメリカーナとココスヤシ。後ろ壁には琉球石を植え込み南国感を。　E. 外から見る植物棚。キラキラ輝くインテリアグリーン。

Episode 40　こと　⓿ @ko10buki_botanical

小物も添えて
アクセントを楽しむ
カラフルなお庭

夫婦のドライガーデンで
調和するそれぞれの感性

　もともとは奥さんの多肉植物狩りについていっただけで、植物にはまったく興味がなかったというオーナー。イベントで小さなアガベを購入し、そこから育て方を調べ色々と品種を覚えようとしたところ、Instagramで見かけたアガベ・パリー・トランカータに一目惚れ。自分でも育ててみたいと思い、ドライガーデンにはまっていったそうです。ドライガーデンの前に車を停める事もあり、あまり大きく場所を取れない中でも映える植物のセレクトにこだわっているそう。

　砂利の上に植えて育てるための排水性のいい用土を入れたことも工夫の一つで、手前は奥さんの多肉植物エリアで、奥側に背の高くなる植物、中央にメインのパリー・トランカータやサボテンを配置。お庭で遊ぶように点在する、クマやワニなどさまざまな動物の置物も華やかで、オーナーと奥さんの遊び心とこだわりが調和している様子が素敵です。

A. メインのパリー・トランカータ。　**B.** アガベにセダム、センペルビウムにエケベリア、そしてドライガーデンに欠かせない金鯱（きんしゃち）も。　**C.** 一部は奥さんの多肉植物エリアに。　**D.** この角度で見ることが多いそうで、奥側に背の高くなる植物を配置。

家と一緒に育っていく庭づくりの楽しみ

好きなものに囲まれたサンタフェハウスの一体感

アメリカのニューメキシコ州サンタフェの街並みと同じように建てた家の外壁と同じ色や素材で、ウッドデッキや門中を含め、お庭はすべて DIY。アガベやロストラータをワイルドに植えていてダイナミックな外観も特徴的。「サンタフェハウス」と名付けるお家との一体感が素敵なドライガーデンです。SNSで情報交換したり、家族みんなでお庭づくりしたり、好きなものに囲まれて、外遊びや BBQ など最高に楽しい生活を満喫しているそう。

「アガベは地植え」もモットーに。風は強くても日照率が高く、雪も降らない地域なので、年中ノーガードで育てているとのこと。はじめから大きな株を植えるのも魅力的ですが、我が家のように小さな株を植えてだんだんと育っていく楽しみや可愛さは格別と、マイホームと一緒に育ってきたお庭への想いを話してくれました。10年後、20年後を楽しみに育てながら、魅せるお庭づくりはこれからもずっと続いていきます。

A. ワイルドな地植えもポイント。　**B.** 株元の岩の配置にもこだわる。　**C.** 小さな株からすくすくと。　**D.** お家との相性も抜群。

お庭全体にこだわる
トータルコーディネート

レイズドベッドの製作も通して
さらに深まる植物への愛着

　自分の家を建てたら庭にヤシの木を植えるのが夢だったものの、住んでいる地域は冬場非常に寒くなるため諦めかけていたというオーナー。しかし、ヤシの木の種類によってはマイナス5℃以下でも耐えられることを知り、シンボルツリーとしてココスヤシを植えました。ヤシを植えたことにより、ユッカやアガベなどの耐寒性の高い植物に興味が湧き、ドライガーデンを始めるきっかけとなったそうです。

　植え込みはもちろん、レイズドベッドの製作も自分で行うようにしていて、そうすることで植物に対する愛着が倍増するので特にこだわっているとのこと。水はけが重要なので地面から高さを出して植栽するようにしたり、品種によって土の配合を変えるようにしていることもこだわりのポイント。植物だけでなく、石や流木、メタルサインのバランスにも気を遣った、繊細な感性が輝いています。

A. ブロックを積み、白セメントで塗り上げたレイズドベッド。　**B.** 周囲の枠と石で3段方式にして高低差を出している。

C. 夜にはライトアップ。　**D**. 古くなった枕木を利用。中央に白砂利の小道が通る。　**E**. 石や流木、メタルサインのバランスもポイント。

Episode 43

spring_hill_01
@spring_hill_01

サーファーズハウスが引き立つ迫力満点の植物たち

高低差とバランスでさらに際立つ植物の迫力

　もともと建てようと決めていたサーファーズハウスのスタイルに合うように、ヤシの木を探していたところ、ユッカやサボテン、アガベなどの植物の存在を知りドライガーデンにはまっていったそうです。こだわりのポイントは植物の色や大きさ、高低差や石とのバランスによるダイナミックな見栄え。植物の種類や日当たり、植える配置などにもこだわっているそうで、立体感と迫力のあるドライガーデンが魅力です。

　軒下の木製ウッドプランターや箱庭ドライガーデンでも、地植えのスペースがなくても地植えのようなドライガーデンを作り、アガベ、サボテン、ユッカなどをバランスを考えながら植栽。みかも石だけだと色味が単調になるので岐阜石も混ぜながら、大きさや石の色味、高低差を考えながら配置しています。なんとも鮮やかで見応えのあるドライガーデンとなっています。

A. 高低差もこだわりのポイント。 B. アガベやサボテンをバランスよく。 C. 地植えだと大株に育つ。 D. 小物も添えて遊び心をプラス。

Episode 44　hagi_farm　📷 @hagi_farm

植物の生長に合わせた庭づくり

毎年リニューアルしながら一緒に育っていく

　茨城県在住のオーナー。家を建ててから自分で外構のフェンスなどをつくりはじめ、知人宅を参考に見学に行った際、茨城でもこういう植物が育てられることを知ったのがきっかけでドライガーデンにのめり込んでいったそうです。メインガーデンはモルタルで高さを出し、その上に石組みをすることで、立って見た時にも立体感がでるようにつくっています。

　庭のこだわりは常に生長する植物に対して毎年リニューアルをして、植物の生長に合わせた庭づくりをすること。手間がかからないことも魅力のドライガーデンですが、大きくなる種類は高さも幅も2mにも達するので、長い目で見てその時々のメンテナンスを続けていくことも大切です。家と一緒に育っていくのも庭づくりの魅力ですね。

A.芝生が気持ちいい庭の全景。　B.立体感にこだわったモルタルゾーン。
C.リップルエフェクトとパリー・トランカータ。　D.渋い鉢にもこだわりが
光る。

Chapter 2

ドライガーデンを盛り上げる

植物図鑑

乾燥地帯を好む植物をメインに楽しむドライガーデン。サボテンや多肉植物という括りの中でもさまざまな品種がありますが、その中から、シンボルツリーになるような目立つものや、本書エピソードの中でも多く出てきた人気のものを集めました。これからドライガーデンを始める方は、最初の一鉢の参考にしてみてください。

name｜アガベ・ベネズエラ
原産国｜メキシコ

name｜アガベ・アテナータ
原産国｜メキシコ

キジカクシ科

多肉質な葉に水分を貯めているため乾燥に強く、育てやすいですが、鉢植えで育てる場合は生長スピードが遅めです。サンスベリアは春から夏にかけて花を咲かせ、アガベは数十年に1度。アガベは開花後にその株は終わります。メンズライクでカッコよく、愛好家が多い品種。園芸品種もたくさん出ていて日々新しい品種が生まれています。

name｜サンスベリア・
　　　　キルキープルクラコパトーン
原産国｜熱帯アフリカ

name｜サンスベリア・マッソニアーナ・
　　　　バリエガータ
原産国｜熱帯アフリカ

name｜アガベ・雷神
原産国｜メキシコ

name｜サンスベリア・ボンセレンシス
原産国｜アフリカ、南アジア

name｜サンスベリア・バキュラリス
原産国｜アフリカ

name｜アガベ・ブルー・エンペラー
原産国｜園芸品種（メキシコ）

ウラボシ科

種のほとんどが着生植物であるため、この科の植物は、鉢植えだけでなく板付けや苔玉仕立てで楽しむことができます。鹿の角のように胞子葉を大きく広げたビカクシダは、大きく生長するので、ガーデンの主役として。ユニークな葉形のカザリシダなどは、天井や壁に掛けて楽しめます。生長期の春から夏に新芽が生えて育ちます。

name｜フレボディウム・オーレウム・
　　　ブルースター

原産国｜熱帯アジア

name｜ビカクシダ・ビフルカツム・
　　　ネザーランド

原産国｜園芸品種（熱帯アジア）

name｜ミクロソリウム・
　　　クロコダイルファーン

原産国｜東南アジア・オセアニアオ

name｜ビカクシダ・ビーチー

原産国｜オーストラリア

name｜アグラオモルファ・
　　　ヨロナンス

原産国｜東南アジア

name｜フリーセア・フェネストラリス
原産国｜ブラジル

name｜ディッキア・ブリットルクロス
原産国｜園芸品種（南アメリカ）

name｜フリーセア・
サンデルシー
原産国｜中部〜南アメリカ

name｜ディッキア・グランマルニエ
原産国｜園芸品種（南アメリカ）

name｜チランジア・キセログラフィカ
原産国｜中部〜南アメリカ

name｜チランジア・セレリアナ
原産国｜中部〜南アメリカ

パイナップル科

乾燥に耐えるために葉と葉の間に水を貯めるもの、葉に柔毛を生やし空気中の水分や窒素を効率よく吸収するものなど、環境に適応する為に草姿がさまざまです。1年を通してゆっくりと生長します。主にアメリカ大陸の熱帯・亜熱帯が原生地で、森、岩場、砂漠などさまざまな場所に見られます。

name｜ケンチャヤシ
原産国｜オーストラリア

name｜シュロチク
原産国｜中国南部

name｜ブラジルヒメヤシ
原産国｜ブラジル南部

name｜アレカヤシ
原産国｜マダガスカル

ヤシ科

品種ごとに葉の長さや形が異なり立ち姿もさまざま。ここでは、主に室内でも楽しめるヤシ科の品種を紹介します。寒冷地でも諦めずにヤシ科をドライガーデンに加えてみましょう。冬の乾燥する室内では、空気中の乾燥や土の乾きで葉先が茶色く枯れることがあるため、小まめな水やりと霧吹きをして予防します。

name｜雲南シュロチク

原産国｜園芸品種（中国南部）

name｜テーブルヤシ

原産国｜メキシコ

イワタバコ科

エスキナンサスは熱帯雨林の着生植物。葉の形は丸い
ものや細いもの、カールしているものなどさまざまあ
ります。乾燥に強く、吊り鉢として目にすることが多
い品種です。花期は、春から夏が主で、3～4cmほ
どのラッパ状の赤やピンクの花を咲かせます。葉が混
み合うと株元に枯れた葉が積もることがあるので定期
的に取り除きましょう。

name｜エキナンサス・タイピンク

原産国｜熱帯アジア

name｜エキナンサス・マルモラタス

原産国｜熱帯アジア

トウダイグサ科

東南アジア、南米、アフリカなど
の熱帯が原産の多肉植物。非常に
独特なフォルムをした品種が多く、
インテリアプランツとして人気を
高めています。暖かくなる春先に
はほとんどの種類が小さな花を咲
かせ、珍奇な株と可愛らしい花の
ギャップが楽しめます。

name｜オンコクラータ
原産国｜マダガスカル

name｜ダイウンカク
原産国｜熱帯アフリカ

name｜ミルクブッシュ
原産国｜東アフリカ

name｜ユーフォルビア・
プラティカーダ

原産国｜マダガスカル

name｜ハナキリン

原産国｜マダガスカル

name｜ユーフォルビア・
ホワイトゴースト

原産国｜園芸品種（インド）

name｜ソテツキリン

原産国｜園芸品種（南アフリカ）

name｜ユーフォルビア・
マハラジャ

原産国｜インド

佐藤 桃子（AND PLANTS）

ハウスメーカーで造園や観葉植物に関するノウハウを学んだ後、観葉植物専門店に入社し、店長を務める。店舗や住宅のグリーンコーディネートや施工を行い、アフターサービスにも力を入れ、観葉植物の専門家として各種メディアでも活躍。2022年に株式会社Domuzに入社。オンラインストア「AND PLANTS」のプランツマネージャーとして日々グリーンと携わり、顧客からの信頼も厚い。監修に『趣味の園芸2022年7月号』(NHK出版刊)、著書に『INTERIOR GREEN 観葉植物と日常』(ブティック社刊)など多数。

編　集　　百日（丸山亮平）
ライター　泉みや、梶原綾乃、阿部仁知
デザイン　みうらしゅう子
撮　影　　北村勇祐

かんそうちたい ちんきしょくぶつ
乾燥地帯の珍奇植物
ドライガーデン

2023年5月10日 第1刷発行
2024年3月10日 第2刷発行

監修者　　さとうももこ 佐藤桃子（AND PLANTS）
発行者　　吉田芳史
印刷所　　図書印刷株式会社
製本所　　図書印刷株式会社
発行所　　株式会社 日本文芸社
　　　　　〒100-0003 東京都千代田区一ツ橋 1-1-1 パレスサイドビル 8F
　　　　　TEL.03-5224-6460〔代表〕

Printed in Japan 112230424-112240304 Ⓝ02 （080028）
ISBN978-4-537-22097-1
URL https://www.nihonbungeisha.co.jp/
©Momoko Satoh 2023
（編集担当 牧野）

内容に関するお問い合わせは
小社ウェブサイトお問い合わせフォームまでお願いいたします。
ウェブサイト　https://www.nihonbungeisha.co.jp/